****

Licht und Dunkel – Lichterfest feiern

Licht und Hirten,
Engel und der Stern,
Zeichen, die im Dunkel uns begegnen,
Worte, die uns trösten und uns segnen
auf dem Wege hin zu unserm Herrn.

„Mami", hat unser Sohn in der Weihnachtszeit als Kind oft gesagt, „ist es nicht bald dunkel? Machen wir heute wieder ein Kerzenfest?" – Und dann dauerte es ihm immer viel zu lange, bis ich in der Küche die große Wachstuchdecke über den Tisch gebreitet, große und kleine Kerzen in eine Schüssel gestellt und das Licht ausgeknipst hatte. Nun war es ganz dunkel. Michael durfte eine Kerze nach der anderen anzünden. Die Lichtbündel tanzten an den Küchenschränken und den Wänden hoch, flimmerten an der Decke entlang. – Eines unserer schönsten Fotos zeigt den Vierjährigen, wie er strahlend eine Kerze hochhält. Voller Glanz ist das kleine Kindergesicht.

Dieser Wechsel von Dunkelheit und strahlendem Licht entfaltet seinen Zauber Jahr für Jahr wieder in der Adventszeit. Dunkelheit lag auch über den Feldern der Hirten – bis plötzlich das helle Licht aus der Höhe erschien. Dunkelheit lag über den weiten Wegen der Weisen. Nur der helle Stern am Himmel zeigte ihnen den Weg.

Nacht lag auch über dem Stall, wie Rembrandt es dargestellt hat: Menschen und Tiere ins Halbdunkel getaucht. Das Kind allein ist die Quelle des Lichts.

Licht und Weise,
Bethlehem und Stern.
Zeichen, die wir voller Hoffnung spüren,
Worte, die uns im Advent berühren,
auf dem Wege hin zu unserm Herrn.

****

Weihnachten –
neu buchstabiert

W arum nur
E ilen und hetzen wir
I n den Wochen vor Weihnachten
H in und her in den Einkaufsstraßen?
N ur keine Sentimentalität!
A lle wollen was Besonderes zum Fest,
CH ristbaumkugeln in Neonfarben,
T annengrün – angesprüht – mit echtem Blattgold.
E nttäuscht und einsam fühlen wir uns
N ach dem Fest.

W ie war Weihnachten wirklich?
E in Stern wies den Weg
I n den eisigen Nächten.
H irten und Weise folgten dem Zeichen –
N eubeginn im Herzen.
A lle, die dabei waren, spürten es:
CH ristus, der Heiland, der Retter, ist geboren.
T age und Nächte, erfüllt von dem Segen des Herrn.
E inbruch einer
N euen Welt des Friedens?

****

Den Baum holen

Den Baum aussuchen
mit den vollen duftenden Zweigen,
ins Haus tragen, zurechtsägen
und behängen mit dem sorgfältig
gehüteten Weihnachtsschmuck.
Das Licht der Kerzen
und den Glanz
in den Augen der Kinder erkennen.

Christoph ist schon ganz ungeduldig. „Wann seid ihr endlich fertig? Wenn wir so trödeln, hat der Förster schon all die schönsten Tannenbäume abgeschlagen! Und wir kriegen nur einen ganz krummen, mickrigen zu Weihnachten!“ – Es gehört zu den schönsten Kindheitserinnerungen unseres Sohnes, wenn wir einige Tage vor Weihnachten in den nahegelegenen Forst fuhren und uns selbst einen Baum aussuchen konnten. Das fröhliche Stapfen durch den Schnee, das fachmännische kritische Aussuchen der „richtigen“ Tanne, nicht zuletzt der Glühpunsch, den die Förstersfrau ausschenkte – das alles war schon ein Schritt auf die große Weihnachtsfreude zu. – Und dann das Schmücken des

Baumes! Mit den selbstgebastelten Sternen, den bunt lackierten Wichteln und Vögeln wurde es damals ein richtiger bunter „Kinderbaum". Das sind Erinnerungen, die auch beim Betrachten alter Fotos immer wieder beglückend aufsteigen. Jede Familie hat da wohl ihre eigene Tradition.

Zu Weihnachten geht es weder bei uns noch draußen in der Welt immer so heil und harmonisch, friedlich und strahlend zu. – Das Jesuskind lag in einem zugigen Stall auf ärmlichem Stroh, bedroht von den Kriegsknechten des Herodes, und die Flucht stand bevor.

Das Licht am Baum kann nicht die Nacht erhellen,
doch soll es mir und dir ein Zeichen sein:
Es strahlt uns Gottes Glanz aus Finsternissen
und bricht in unsre dunklen Herzen ein.

Das Licht am Baum verkündet Gottes Frieden.
Er zieht auch diese Weihnacht bei uns ein,
daß unsre dunklen Wege heller werden,
und wir verspüren: Wir sind nicht allein.

Die Krippe aufbauen

Wer bringt dem Kind das Lachen bei?
Der Esel, der Esel mit seinen langen Ohren!
Die faßt es an im warmen Heu,
die Nacht, als es geboren.

Wer bringt dem Kind das Singen bei?
Die Engel, die Engel mit ihren hellen Chören.
Da singt es mit im warmen Heu,
die Lieder mocht' es hören.

Michael und Martin formen Schäfchen mit vielen kleinen Locken. Katharina hat sich ein Kamel vorgenommen, gar nich so leicht ist das mit den Höckern! Und der Esel mit den langen Ohren – Christoph seufzt, aber nach einer Weile ist doch schon so etwas wie ein störrischer Vierbeiner zu erkennen. Die Großen in der Kindergruppe versuchen, Hirten und Könige, Maria und Josef mit dem Kind und die Engel zu gestalten. Anstrengung und Freude zugleich spiegeln sich auf den Kindergesichtern.

Immer wieder haben Menschen versucht, das Geschehen in der Krippe auf ihre Art zu sehen und in Gemälden, Skulpturen und Holzschnitzereien

darzustellen. Solche Bilder wollen hindeuten auf das, was am Weihnachtsfest wirklich wichtig ist – auf das Kind in der Krippe.

Wenn wir unter dem Baum unsere Krippe aufbauen, liebevoll Hirten und Schafe aufstellen, Maria und Josef und das Krippenkind in die Mitte rücken, dann spüren wir vielleicht etwas davon, was Franz von Assisi den italienischen Bauern zugerufen hat, als er mit ihnen die erste Krippe baute: „Man wird sich auf den Weg machen müssen. Man muß sich von den Hirten anstecken lassen, von ihrem Staunen, und ihrer Freude im eigenen Herzen Raum geben. Man muß etwas merken nach Weihnachten, daß man die Christgeburt gefeiert hat."

Wer bringt dem Kind das Jauchzen bei?
Die Könige, die Könige mit ihren goldnen Gaben.
Da jauchzt es laut im warmen Heu
und möcht' sie alle haben.

Wer bringt dem Kind das Weinen bei?
Wir Menschen, wir Menschen mit unsern harten Herzen.
Da weint es still im warmen Heu,
da fühlt es schon die Schmerzen.

****

Ein freundliches Umfeld finden

Die Weihnachtstage
zusammen verbringen
im „Schoße" der Familie.
Gemeinsam singen, essen
spielen und erzählen – feiern.

Welche Erinnerungen an die Weihnachtszeit mögen Sie haben? Ich wünsche Ihnen, daß es gute Gedanken sind, die Sie in Ihre Kinderjahre zurücklenken und daß Sie manche liebgewonne Tradition an Ihre Kinder weitergeben können: vielleicht das besondere Rezept von der Großmutter für den „polnischen Karpfen", den pommerschen Heringssalat, den schlesischen Mohnstriezel oder die leckeren Zimtsterne. Und den Tannenbaum mit viel Lametta und roten Kerzen! Und dazu die kostbare, vielleicht noch von der Urgroßmutter gewebte Tischdecke und das Silber, das nur zu Weihnachten auf den Tisch kam …

„Segnet den Vater, die Mutter, das Kind" … so heißt es in dem sehr rührseligen Weihnachtslied „Süßer, die Glocken nie klingen …" Wir singen es nicht mehr in den Schulen oder Kirchen, aber es dringt uns aus den Einkaufsstraßen zu Weihnachten immer noch entgegen. – Es heißt beim Evangelisten Lukas: „… und die Hirten fanden *beide*, Maria und Josef, dazu das Kind in der Krippe liegend." Maria und Josef – im Schoße einer Familie, in „guter Hut" wuchs das kleine, schutzlose Kind auf.

Wie viele können das heute sagen? Dieses behütete Umfeld einer intakten Familie ist manchen verlorengegangen. Umso mehr sehnen wir uns nach einem schützenden Haus. Ich wünsche Ihnen in der Weihnachtszeit Menschen, Freunde, die ein Stück „Familie" sein können.

Freut euch, die Nacht wird licht,
hebt das traurige Gesicht.
Freude ist der Welt gegeben,
neue Hoffnung, neues Leben,
Trost für alle Menschen.

Seht des Sternes heller Schein
bricht in unser Dunkel ein.
Engel, die den Frieden künden,
daß wir wieder Freunde finden.
Licht auf unsern Wegen.

****

Im Zeichen des Sterns ins neue Jahr

Wir haben den Schein
voller Hoffnung gespürt,
er hat uns zum Kind
in der Krippe geführt.

Das Zeichen am Himmel
verläßt uns nicht mehr.
Wir reichen die Gaben
dem Kinde her.

Der Stern, er bleibt stehen.
Wir wenden den Blick
und schauen zur Krippe
noch einmal zurück.

Nun ziehn wir die Wege
fort in die Nacht.
Die Botschaft der Engel
hat Freude entfacht.

Das Jahr führt uns weiter,
es bleibt uns das Licht,
wir hören die Worte:
Fürchtet euch nicht!

Umschlagfoto: Benno Baldes, Freiburg i. Br.
Bilder im Innenteil: Wolfgang Müller, Oberried

Satz: Freiburger Graphische Betriebe
Druck und Bindung: Dinner Druck GmbH, Allmannsweier
ISBN 3-451-26043-3

****

Gesegnete Weihnachten

Lichterfest feiern,
Türen öffnen,
mitten im Trubel innehalten.
Zauber der Weihnacht –
den Baum holen,
mit den Hirten gehen,
mit den Königen ziehen,
ein freundliches Umfeld finden,
die Krippe bauen.
Im Zeichen des Sterns
ins neue Jahr …